BEI GRIN MACHT SICH IHR
WISSEN BEZAHLT

Umfragen als wissenschaftliche Forschungsmethode

Katarina Staletovic

Bibliografische Information der Deutschen Nationalbibliothek:

Die Deutsche Nationalbibliothek verzeichnet diese Publikation in der Deutschen Nationalbibliografie; detaillierte bibliografische Daten sind im Internet über http://dnb.d-nb.de abrufbar.

ISBN: 9783346811066
Dieses Buch ist auch als E-Book erhältlich.

Druck und Bindung: Books on Demand GmbH, Norderstedt Germany
Gedruckt auf säurefreiem Papier aus verantwortungsvollen Quellen

Das vorliegende Werk wurde sorgfältig erarbeitet. Dennoch übernehmen Autoren und Verlag für die Richtigkeit von Angaben, Hinweisen, Links und Ratschlägen sowie eventuelle Druckfehler keine Haftung.

Das Buch bei GRIN: https://www.grin.com/document/1322155

Einsendeaufgabe

Wissenschaftliches Arbeiten - Vertiefung II

Aufgabennummer:

A

SRH Fernhochschule

Modul:

Wissenschaftliches Arbeiten – Vertiefung II

Studiengang:

Psychologie B.Sc.

Verfasserin:

Katarina Staletovic

Inhaltsverzeichnis

Abbildungsverzeichnis

Vermerk

Aus Gründen der Lesbarkeit wird das generische Maskulinum eingesetzt. Frauen und andere Geschlechtsidentitäten sind explizit miteinzubeziehen, sofern dies für die Behauptung erforderlich ist.

1 Aufgabe A1: Konzeption Fragebogen

In diesem Abschnitt werden die theoretischen Grundlagen des Konzepts für einen Fragebogen erarbeitet und näher betrachtet, um daran anknüpfend einen Fragebogen mit einem Abschreiben zu erstellen.

1.1 Zielgruppe

Vor der Entwicklung eines Fragebogens ist die Zielgruppe zu definieren. In diesem Rahmen sollte vorab geprüft werden, ob der Fragebogen beispielsweise von Kindern Akademikern oder Führungskräften ausgefüllt wird. Bei einem Fragebogen für Kinder oder Personen mit niedrigem Bildungsniveau müssen die Fragen einfacher konzipiert werden als bei Akademikern, die komplexere Fragestellungen verstehen und bearbeiten können. Aufgrund der Vielzahl von Zeitungen umfasst die Zielgruppe theoretisch jedermann.[1]

Der Fragebogen dieser Einsendeaufgabe ist für die Leserschaft des GEO Magazins konstruiert worden. Nach Definition der Zielgruppe sollte die Kommunikation mit dieser in Betracht gezogen werden. Das Ziel besteht darin, die Befragenden von einer Befragung in Kenntnis zu setzen, um schlussendlich eine grosse Anzahl von ausgefüllten Fragebögen zu erhalten.[2]

1.2 Vorüberlegungen zur Konstruktion des Fragebogens

Für eine erfolgreiche Formulierung der Fragen sollen einige Regeln befolgt werden.

Allgemeine wird empfohlen, Fragen einfach und klar zu formulieren. Auf unnötig komplexe und umständliche Fragen mit langer Satzstruktur sollte möglichst verzichtet werden. Auch Fremdwörter und Fachbegriffe enthaltende Fragen stehen dem Prinzip der Einfachheit entgegen. Naturgemäss hängt die Leichtigkeit der Frage auch vom jeweils Befragten ab. So gilt bei der Befragung von Kindern oder Personen, deren Muttersprache von der Interviewsprache abweicht, möglichst schlichte Fragen zu konzipieren.[3]

Ungenaue, relative Begriffe wie „häufig, kürzlich oder erheblich" sind bei der Frageformulierung eher zu vermeiden, weil sie sich implizit auf ein zugrunde liegendes Kontinuum beziehen, ihre genaue Position auf diesem Kontinuum jedoch nicht eindeutig ist.

Hierbei können Probanden solche Fragen auf unterschiedliche Weise interpretieren.

Infolgedessen wird das Risiko erhöht, dass die Befragten diese Begriffe nicht so verstehen, wie vom Fragebogendesigner beabsichtigt. Ferner sind Verneinungen zu vermeiden, da sie

---

[1] Vgl. *Schmidt-Atzert et al.* (2021), S. 95-96.
[2] Vgl. *Theobald* (2017), S. 136.
[3] Vgl. *Renner/Jacob* (2020), S. 47-49.

verschlungene Formulierungen darstellen, die das Verständnis des Sachverhalts unnötig verkomplizieren und zu Problemen führen können. Das Streben nach Kürze bei Umfragen ist ein essenzielles Ziel. Schlussendlich ist ebenso zu empfehlen, nicht zwei Fragen zu einem Sachverhalt zu kombinieren.[4]

Fragebogenfragen werden nach Inhalt und Form differenziert. Der Inhalt der Frage kann auf einer Einstellung oder Meinung basieren, nach Überzeugungen oder Werten, Wissen oder Verhalten sowie nach Eigenschaften der Befragten unterschieden werden. Von erheblicher Relevanz ist die Form der Fragen, wobei offene, geschlossene und halboffene Fragen bekannt sind. Offene Fragen besitzen kein festes Antwortformat und werden möglichst neutral gehalten. Sie bieten Raum für Antwortende und implizieren oder schlagen keine Antwortoptionen vor. In der Umfrage sind offene Fragen durch ein Freitextfeld gekennzeichnet, in das die Probanden ihre Antworten eingeben können. Der Vorteil offener Fragen liegt darin, dass der Befragte genau das sagen kann, was er mitteilen möchte. Den Befragten werden ausreichend Spielraum und Freiheiten gegeben, um Fragen zu beantworten. Die Nachteile umfassen, dass die Befragten in der Regel deutlich mehr Zeit investieren müssen, die Auswertung der Fragen sich kompliziert gestaltet und kognitive Fähigkeiten der Befragten die Antworten stark beeinflussen können.[5]

Hingegen besitzen geschlossene Fragen eine begrenzte Anzahl an Antwortmöglichkeiten. Sie definieren auch vorab die Anzahl der möglichen Ankreuzungen, wobei Kästchen für Kreuze vorgegeben werden. Die Antworten fallen meistens knapp aus, entweder werden die Fragen mit Ja oder Nein beantwortet. Ein wesentlicher Vorteil dieser Befragungsform ist, dass sie das Gedächtnis aktiviert und den Befragten auf Aspekte aufmerksam macht, auf die er ohne Hilfe nicht gestossen wäre. Diese Frageform ist auch schnell zu beantworten, leicht zu vergleichen und relativ einfach auszuwerten. Jedoch herrschen folgende Nachteile: Es besteht die Gefahr sich überschneidender Antwortkategorien und die Befragten können durch die Reihenfolge oder Formulierung des Fragenden in ihren Antworten beeinflusst werden.[6]

In der Praxis sind halboffene Fragen weit verbreitet, wobei diese Form einen Mittelweg oben genannter Formen darstellt: An eine eigenständige Frage wird eine zusätzliche Kategorie wie beispielsweise „sonstiges" oder „weiteres" angehängt.

Halboffene Fragen sind immer dann sinnvoll, wenn das tatsächliche Spektrum möglicher Antworten auf die Frage zwar gut abgeschätzt (geschlossene Fragen), aber nicht eindeutig bestimmt werden kann (offene Fragen).[7]

Abschliessend ist die Reihenfolge bei einer Befragung essenziell. Allgemein gilt, dass die Kombination unterschiedlicher Fragetypen einen Fragebogen auflockern und gleichzeitig die

---

[4] Vgl. *Kirchhoff et al.* (2010), S. 25-27.
[5] Vgl. *Reinhardt* (2015), S. 16.
[6] Vgl. *Renner/Jacob* (2020), S. 54-55.
[7] Vgl. *Reinhardt* (2015), S. 18.

Konzentration der Teilnehmer erhöht werden kann. Dabei empfiehlt sich, die Reihenfolge wie folgt zu gestalten:

- Eisbrecherfragen sind für den Einstieg einfach und als optimal anzusehen. Diese sollten einerseits Interesse wecken und andererseits den Eindruck vermitteln, dass der Fragebogen einfach zu beantworten ist. Eisbrechende Fragen sollen spannend, thematisch relevant, für den Befragten persönlich bedeutsam und fachlich machbar sein.
- Eine logische Reihenfolge der Fragen sollte eingehalten werden. Blöcke von allgemeinen zu speziellen Themen haben sich dabei bewährt. Während des Untersuchungsprozesses nimmt die Komplexität der Fragestellung zu. Wenn sich die Befragten mit dem Thema vertraut machen, können sie spezifischere Fragen beantworten.
- Mit fortschreitender Bearbeitung eines Fragebogens lassen Motivation und Fokus oft nach, sodass weniger relevante und einfach zu beantwortende Fragen ans Ende gestellt werden. Hierbei können insbesondere heikle Themen angesprochen werden, um eine vorzeitige Beendigung zu verhindern.[8]

1.3 Begleitschreiben Fragebogen

Der Begleitbrief einer Befragung, die eigentliche Einleitung, enthält essenzielle Informationen zum Fragebogen. Die Struktur kann unterschiedlich ausfallen. Zu Beginn des Begleitschreibens können die Probanden beispielsweise gegrüsst werden. Im Anschluss wird das Thema vorgestellt (hier Stärke der Kundenbindung bei den Abonnenten des GEO-Magazins). Daran anknüpfend sollte das Ziel der Befragung wiedergegeben werden, d. h. den Probanden muss kommuniziert werden, warum sie daran teilnehmen sollen. Hier kann insbesondere die Bedeutung von Forschungszwecken betont oder ein Anreiz wie Gutschein, Rabatt gegeben werden. In dieser Befragung wird unter den Teilnehmern ein Jahresabo als Dank für die Teilnahme verlost.[9]

Im Begleitschreiben sollen ebenso die Anonymität und Vertraulichkeit der Daten thematisiert werden. Hierbei muss auf die Dosierung geachtet werden: Eine zu starke Betonung auf Anonymität wirkt sich negativ auf die Bereitschaft aus, öffentlich Antworten auf offenen Fragebogen zu geben, da sie Ängste auslösen könnte. Darüber hinaus sollten die benötigte Zeitdauer für die Befragung wie auch der Bearbeitungszeitraum bekannt gegeben werden. Eine kurze Anleitung, wie die Fragen auszufüllen sind, ist ebenfalls essenziell. Zum Schluss empfiehlt es

---

[8] Vgl. *Hollenberg* (2016), S. 21-22.
[9] Vgl. *Porst* (2011), S. 31-32.

sich, einen Dank für die Teilnahme auszusprechen und ein weiteres Feld für mögliche Anmerkungen anzubringen. Ein konzipiertes Begleitschreiben zum Fragebogen „Stärke der Kundenbindung bei Abonnenten der GEO-Zeitung" kann Anhang 1 entnommen werden.[10]

1.4 Erstellung der Befragung

Vor Erstellung des Fragebogens sind im ersten Schritt wichtige Überlegungen angestellt worden. Dabei wurde versucht, sich beim Erstellen der Fragen in die Sichtweise der Befragten hineinzuversetzen, um die Fragen leicht verständlich zu konzipieren sowie nachvollziehbar zu gestalten. Wie im vorherigen Abschnitt geschildert, ist auf eine einfache sowie präzise Formulierung der Fragen zu achten. Durch eine alltagsnahe Formulierung der Fragen soll gewährleistet werden, dass Probanden diese möglichst verstehen und eine klare Position beziehen können. Insgesamt wurden zwölf Fragen konzipiert, wobei diese in jeweilige Blöcke aufgeteilt wurden.[11]

Ob ein Fragebogen ausgefüllt wird, entscheidet sich bereits mit dem ersten Eindruck des Fragebogens. Dieser muss einen logischen Aufbau besitzen, damit er auch bis zu Ende ausgefüllt wird.[12]

Allgemein sollte die erste Frage besonders sorgfältig ausgewählt werden. Sie sollte einfach zu beantworten sein, einen klaren Bezug zum Thema der Gesamtbefragung aufweisen und aussagekräftig sein. Sofern die befragte Partei den Fragebogen von Beginn an als angenehm empfindet und es ihr Freude bereitet, zu antworten, erhöhen sich dadurch die Rücklaufquoten. Um den Fragebogen für die Befragten als angenehm und spannend zu gestalten, wurden allgemeine Fragen zur Zufriedenheit formuliert.[13]

Die Fragen sollten insgesamt von allgemeinen zu spezifischen sowie von simplen zu abstrakten Aussagen übergehen. Die Befragten sollen mit der Beantwortung des Fragebogens sowohl positive Erwartungen als auch positive Werte verknüpfen.

Die Fragen sollen im weiteren Verlauf zu einer generellen Grundöffnung führen.[14]

Im zweiten Teil der Befragung wurden Fragen zur Ermittlung der Mediennutzung erstellt. Daran anknüpfend werden die Befragten aufgefordert, Antworten zum Medieninhalt wie auch zur Qualität des Magazins zu geben. Themen, welche potenziell negative Reaktion auslösen können, sind eher am Ende des Fragebogens zu erwähnen, sofern ihr Inhalt dort angemessen ist. Solche sensiblen Themen werden in der Regel offener beantwortet, wenn vorab absolute Ver-

---

[10] Vgl. *Renner/Jacob* (2020), S. 75-76.
[11] Vgl. *Hollenberg* (2016), S. 11-14.
[12] Vgl. *Theobald* (2017), S. 65.
[13] Vgl. *Kirchhoff et al.* (2010), S. 26-27.
[14] Vgl. *Porst* (2011), S. 135.

traulichkeit zugesichert wird und die Umfrage somit keine Auswirkungen auf die Befragten besitzt. Aus diesem Grund wurden im letzten Abschnitt Fragen zum Kostenfaktor eines Abonnements thematisiert. Die letzte Seite sollte ebenso ein Textfeld für Kommentare, Kritik oder Lob enthalten. Den Abschluss sollte ein Dank an die Befragten bilden.[15]

1.5 Konstruktion der Antwortalternativen

Neben verschiedenen Arten von Fragen existieren ebenso diverse Antwortmöglichkeiten. Einerseits können Antwortmöglichkeiten numerisch oder verbal niedergeschrieben werden. Bei nummerisch beschriebenen Skalen werden ausschliesslich Endpunkte verbalisiert. Die übrigen Antwortmöglichkeiten werden lediglich mit Zahlen betitelt. Bei verbalisierten Skalen erhält jede Antwortmöglichkeit eine Beschreibung mit beispielsweise sehr schlecht bis sehr gut. Der Vorteil der verbalen Skala besteht darin, dass sich die Befragten die Antwortalternativen besser vorstellen können. Bei nummerischen Skalen können hingegen unterschiedliche Interpretationen erfolgen. Im konzipierten Fragebogen werden die Antwortmöglichkeiten verbalisiert, wobei es eine Skala mit „trifft völlig zu" bis „trifft nicht zu" genutzt wird. Darüber hinaus kommen zwei weitere Skalen mit „sehr zufrieden" bis „sehr unzufrieden" und „extrem wahrscheinlich" bis „sehr unwahrscheinlich" zum Einsatz. [16]

Auch zwischen geraden und ungeraden Antwortmöglichkeiten kann differenziert werden. Bei einer geraden Anzahl von Antwortmöglichkeiten müssen Befragte Stellung beziehen, indem sie beispielsweise zustimmen oder ablehnen. Bei Auswahl einer ungeraden Anzahl von Antwortmöglichkeiten können die Befragten das mittlere Feld auswählen, wenn sie keine Meinung haben bzw. neutral sind. Festzuhalten ist, dass die Befragten bei einer geraden Anzahl an Antworten eine klare Stellung einnehmen müssen.

Der Nachteil hierbei liegt darin, dass sie keine neutrale Meinung mit dem mittleren Feld auswählen können. Bei einer ungeraden Anzahl an Möglichkeiten wird häufig durch die neutrale Antwortmöglichkeit ausgewichen und es wird keine Stellung bezogen. Im konzipierten Fragebogen wurde entschieden, zwecks klarer Antworten eine gerade Anzahl an Antwortalternativen anzubieten. Der vollständige Fragebogen kann Anhang 2 entnommen werden.[17]

---

[15] Vgl. *Hollenberg* (2016), S. 21-22.
[16] Vgl. *Reinhardt* (2015), S. 19-20.
[17] Vgl. *Föhl/Friedrich* (2022), S. 45-46.

1.6 Pretest

Nach Abschluss der Konzipierung des Fragebogens erfolgte die Feinabstimmung: Fragebögen sollten stets Qualitätsprüfungen, auch Pretests genannt, unterzogen werden. Hierbei gibt es nicht die richtige Pretest-Methode, vielmehr bestehen mehrere Möglichkeiten. Jedoch gilt es, die inhaltlichen und methodischen Überprüfungen des Fragebogens zu ermöglichen.[18] In diesem Rahmen müssen beispielsweise Antwortalternativen umformuliert oder neue Antworten hinzugefügt werden. Insgesamt handelt es sich bei einem Pretest um die inhaltliche, methodische und technische Überprüfung eines konzipierten Fragebogens. Von grosser Bedeutung ist ebenso, dass bei einem Pretest nicht nur die Forschenden, sondern auch aussenstehende Personen involviert sind, da letztere oft eine unvoreingenommenere Sichtweise besitzen und auf mögliche Tipp- sowie Rechtschreibfehler oder unverständliche Fragen hinweisen können. Insgesamt sollte stets ein ausreichender Zeitpuffer für einen sorgfältigen Pretest eingeplant werden, damit Änderungen tatsächlich umsetzbar sind.[19]

2 Aufgabe 2A: Stichprobenrekrutierung

Zunächst werden die Charakteristika einer optimalen online Mitarbeiterbefragung sowie die Methoden zur Stichprobenauswahl thematisiert. Abschliessend werden die Vor- und Nachteile im Vergleich zu papierbasierten Befragungen erläutert. Abschliessend wird auf die technischen Voraussetzungen für Online-Umfragen eingegangen.

2.1 Online-Mitarbeiterbefragung

Zahlreiche Unternehmen erkennen zunehmend die Bedeutung motivierter und zufriedener Mitarbeiter. Sie bilden die essenzielle Basis für den Geschäftserfolg eines Unternehmens. Daher wird stets nach Möglichkeiten gesucht, eine Arbeitsatmosphäre und Arbeitsbedingungen zu schaffen, die das Wohlbefinden der Mitarbeiter steigern. Mitarbeiterbefragungen können diesbezüglich wichtige Erkenntnisse liefern. In den letzten Jahren wurden vermehrt online Umfragen eingesetzt und eine erstaunliche Anzahl unterschiedlicher Online-Umfragetools auf den Markt gebracht. Dabei tragen viele Faktoren zum Erfolg einer online-Mitarbeiterbefragung bei. Generell lässt sich aussagen, dass der Erfolg und die Nachhaltigkeit von

---

[18] Vgl. *Möhring/Schlütz* (2019), S. 181.
[19] Vgl. *Föhl/Friedrich* (2022), S. 119-120.

Mitarbeiterbefragungen von den erstellten Konzepten, der Projektplanung sowie deren Umsetzung abhängen. Für die Zielerreichung ist die frühe Einbindung von Betriebsräten sowie Führungskräften von entscheidender Bedeutung. Ferner können durch eine effektive Terminplanung Mitarbeiter zu einer geeigneten Zeit die Umfrage ausfüllen und die Ergebnisse somit schnell bereitgestellt werden. Hierbei sollen Urlaubszeiten oder auch gesetzliche Feiertage berücksichtigt werden.[20]

Die Gewährleistung von Datenschutz und Anonymität sind für den Erfolg von ebenso hoher Relevanz und sollen in jeder Phase des Prozesses garantiert werden. Auch sollte die eigentliche Befragung nicht vernachlässigt werden, d. h. bei der Fragebogenkonstruktion sollen die gängigen Regeln eingehalten werden.[21]

In dieser Arbeit wird jedoch nicht näher darauf eingegangen. Durch eine vorgeschaltete Testphase kann geprüft werden, ob Fragen gut formuliert wurden oder gegebenenfalls geändert werden müssen. Daran anknüpfend wird der Fragebogen mit einer Online-Umfragesoftware umgesetzt. Zusammengefasst handelt es sich bei Online-Mitarbeiterbefragungen um ein wertvolles Instrument in der Unternehmensführung wie auch in der Kommunikation mit den jeweiligen Arbeitnehmern. Insbesondere aktiv statt passiv zu fragen, hat sich bewährt und ist mit vielen Vorteilen verbunden, die im nächsten Abschnitt thematisiert werden.[22]

2.2 Möglichkeiten für die Stichprobenrekrutierung

Online-Umfragen über E-Mails oder auf einer Webseite können in kurzer Zeit tausende potenzielle Personen weltweit befragt werden. In der vorliegenden Aufgabenstellung geht es um eine Mitarbeiterbefragung, wobei die Stichprobenrekrutierung näher beleuchtet wird. Unternehmen setzen zunehmend online Tools für ihre Mitarbeiterbefragungen ein. Allgemein liegen der Stichprobenrekrutierung bei online Befragungen zwei Methoden zugrunde: Die aktive und die passive Rekrutierung.[23]

Bei der aktiven Rekrutierung werden Einladungen per E-Mail, SMS oder Brief an die entsprechenden Individuen verschickt, um Personen zur Teilnahme zu ermutigen. Dabei ist von hoher Bedeutung, dass die entsprechenden E-Mail-Adressen der Zielgruppe bekannt sind. Als weitere Option der aktiven Rekrutierung stehen online-Panels zur Verfügung. Diese enthalten eine grosse Anzahl von E-Mails registrierter Personen mit der Bereitschaft, an einer Umfrage teilzunehmen. Sofern die jeweiligen E-Mails bekannt sind, bietet sich die Snowball-Technik an: Dabei erhalten die Empfänger eine Einladungsmail mit der Aufforderung, diese an andere Menschen weiterzuleiten. Effizienter wird diese Technik, indem im ersten Schritt Personen,

---

[20] Vgl. *Domsch/Ladwig* (2013), S. 82.
[21] Vgl. *Möhring/Schlütz* (2010), S. 31.
[22] Vgl. *Domsch/Ladwig* (2013), S. 82-83.
[23] Vgl. *Maertins* (2019), S. 225.

denen die Startmail gesendet wird, zunächst nach gezielten Kriterien ausgewählt werden, um schlussendlich eine grössere Varianz zu erreichen.[24]

Bei der passiven Rekrutierung hingegen wird in der Regel der Einladungstext mit einem Link hinterlegt. Dieser wird in einer Webseite oder ein Webforum integriert. Hierbei kann zwecks optimaler Reichweite eine Teilung des Links über Social-Media-Plattformen erfolgen. Ebenso bietet es sich an, Flyer zu erstellen und diese zu verteilen. Häufig werden in der Praxis bei Bedarf aktive und passive Auswahlverfahren kombiniert.[25]

Die Differenzierung beider Methoden ist klar: Während bei der aktiven Methode das Institut weitgehend selbst entscheidet, welche Probanden an der Umfrage teilnehmen, entscheiden bei der passiven Befragung die Probanden selbst, ob sie teilnehmen möchten. Diese Selbstselektion resultiert jedoch häufig in einer Stichprobenverzerrung, da bestimmte Gruppen möglicherweise überproportional vertreten sein können. Darüber hinaus liegen bei der passiven Rekrutierung meist keine Kontaktdaten der Teilenehmer vor, um sie beispielsweise zu erinnern, wie es bei der aktiven Rekrutierung der Fall ist.[26]

So können beispielsweise zahlreiche Teilnehmer, die an einer internen Umfrage gerne teilgenommen hätten, diese aber aufgrund von Zeitdruck vergessen haben, nicht teilnehmen, da sie bei der passiven Methode nicht erinnert werden können. Durch aktive Rekrutierung kann dem gezielt entgegengewirkt werden. Ein weiterer Vorteil der aktiven Methode liegt in der Aufzeichnung der Probanden, die an der Umfrage teilgenommen haben, wobei die Rücklaufquote genau analysiert werden kann. Insgesamt bietet die aktive Rekrutierung mehr Vorteile. Die passive Form sollte nur in Betracht gezogen werden, wenn keine Adressliste für die entsprechende Zielgruppe vorliegt. Da die Vorteile der aktiven Rekrutierung überwiegen, es sich hierbei um eine interne Mitarbeiterbefragung handelt und somit eine vollständige Adressliste der Arbeitnehmer vorliegt, ist die aktive Rekrutierung die richtige Wahl für das international tätige Unternehmen. Hierbei empfiehlt es sich, die E-Mail für die Umfrage allen Mitarbeiter zukommen zu lassen und im zweiten Schritt vor Ende der Umfrage nochmals eine Erinnerungsmail zu schicken.[27]

---

[24] Vgl. *Möhring/Schlütz* (2010), S. 136-137.
[25] Vgl. *Maertins* (2019), S. 226-227.
[26] Vgl. *Möhring/Schlütz* (2010), S. 137-138.
[27] Vgl. *Theobald et al.* (2003), S, 45-46.

2.3 Vergleich zwischen online-Befragungen und papierbasierten Befragungen

Durch die kontinuierlich steigende Zahl der Internetnutzer sowie die Verfügbarkeit leistungsfähiger Umfragesoftware erfreuen sich online Befragungsmethoden grosser Beliebtheit. Online-Umfragen stellen einen Sonderfall der Papierumfragen dar, wobei der Fragebogen online im World Wide Web oder teilweise auch per E-Mail versendet wird. Die Umfragen werden auf dem Server gespeichert und ein Abruf der Daten ist jederzeit möglich. Dies beinhaltet Vor- wie Nachteile gegenüber der papierbasierten Umfrage. Primär ist die Ökonomie dieser Befragungsform anzuführen. So können grosse Stichproben in kurzer Zeit erhoben werden. Ein weiterer Punkt liegt in der Kostenersparnis gegenüber Papierfragebögen. Gebühren für das Einladen von Online-Umfragen und das Versenden von Fragebögen sind in der Regel niedriger. So entstehen weder Versand- noch Telefonkosten.[28]

Ferner stehen Daten unmittelbar in computerlesbarer Form zur Verfügung, sodass Ergebnisse schnell zugänglich sind. Sofern der Befragte beispielsweise einen Teil der Befragung nicht ausfüllt, können durch das Programm die Probanden darauf hingewiesen werden, fehlende Antworten zu ergänzen. Für eine spätere Analyse kann auch die für das Ausfüllen des Fragebogens notwendige Zeit betrachtet werden. Diese wiederum liefert wertvolle Information zur Qualität der Befragung. Ebenso besteht die Möglichkeit, die Fragen sowie die Antwort Optionen zu unterstützen, indem ein virtueller Interviewer hinzugezogen wird, wenn schwierige Sachverhalte zu beantworten sind. Schliesslich entstehen durch die Automatisierbarkeit keine Fehlerquellen wie beispielsweise bei einer manuellen Dateneingabe und auch der Versuchsleiter Effekt tritt nicht auf. Zusammengefasst sind die grössten Vorteile dieser Methode die kostengünstige Durchführung, die Geschwindigkeit (Zeit vor Ort und Ergebnisgenerierung), Standortunabhängigkeit und die Automatisierung der Fragebögen[29]

Neben den Vorteilen liegt der Hauptnachteil der Online-Datenerhebung darin, dass die Identität der Befragten nicht eindeutig ist. Jedoch treten solche Nachteile bei online Mitarbeiterbefragungen nur bedingt auf, da häufig eine personalisierte Umfrage durchgeführt wird und Mitarbeiter diese während ihrer Arbeitszeit ausfüllen.[30]

Darüber hinaus kann wenig Kontrolle über die Ausführungsbedingungen ausgeübt werden, was ebenfalls als negativ zu bewerten ist. Damit die online Umfrage durchgeführt werden kann, wird meistens ein Smartphone oder Computer benötigt. Dies kann einen weiteren Nachteil darstellen, wenn die Geräte nicht vorhanden sind. Insbesondere die Zielgruppe der älteren Generation besitzt im Vergleich zur jüngeren Generation eine niedrigere technische

---

[28] Vgl. *Domsch/Ladwig* (2013), S. 79-80.
[29] Vgl. *Möhring/Schlütz* (2010), S. 133-134.
[30] Vgl. *Theobald et al.* (2003), S. 12-13.

Affinität, sodass eine Teilnahme sich nicht immer einfach gestaltet. Ein weiterer Nachteil besteht darin, dass durch frei zugängliche Online-Umfragen Probanden mehrfach teilnehmen können. Dem kann jedoch durch das Verschicken persönlicher Zugangsdaten entgegengewirkt werden. Zudem können E-Mails bei online Umfragen oftmals aufgrund der täglichen überwältigenden E-Mail-Flut übersehen oder ignoriert werden. Grundsätzlich empfiehlt es sich, vor jeder Befragung sämtliche Vor- und Nachteile zu analysieren, um schlussendlich eine passende Wahl hinsichtlich der Bedürfnisse der Befragung treffen zu können.[31]

2.4 Technische Voraussetzungen für online Befragungen

Die Erstellung eines Online-Fragebogens erfordert neben methodischem Geschick auch Verständnis für die technische Umsetzung. Mittlerweile existieren viele Programme, die komplexe Untersuchungen ohne Programmierkenntnisse ermöglichen. Zur technischen Umsetzung müssen aber sämtliche Mitarbeiter internetfähige Geräte wie Computer besitzen und darauf zugreifen können. Es ist jedoch davon auszugehen, dass in einem global tätigen Unternehmen fast jeder Arbeitnehmer über die notwendige Ausrüstung verfügt. Dabei muss seitens der Unternehmung der Zugang zu den firmeninternen Computern ermöglicht werden, was meistens gegeben ist. Ferner könnte ein Zugriff auch auf ein firmeninternes Netzwerk erfolgen.[32]

Empfehlenswert sind auch Probeläufe, da die Umfrage an mehreren Standorten der Unternehmung durchgeführt wird. Darüber ist zu beachten, dass alle Computer die notwendigen Versionen/Updates besitzen. Von wesentlicher Bedeutung ist auch, dass die verschickten E-Mails (Einladungen oder Erinnerungen) nicht im Spam-Ordner der Mitarbeiter landen.[33]

Zur Vermeidung einer Mehrfachteilnahme können für jeden einzelnen Mitarbeiter individuelle Zugangsdaten festgelegt werden. Bei international tätigen Unternehmen empfiehlt es sich, die Befragung in mehreren Sprachen anzubieten, damit keine Verständnisbarrieren auftreten. In der Praxis hat sich auch bewährt, dass obwohl eine zentrale Unternehmenssprache vorliegt, das Engagement zur Teilnahme seitens der Mitarbeiter steigt, wenn die Befragung in der jeweiligen Muttersprache verfasst wurde.

Abschliessend ist zu beachten, dass bei dieser Stichprobe von tausend Mitarbeitern die E-Mails im Abstand von mindestens drei Sekunden verschickt werden sollen, sodass keine Überbelastung beim Server entstehen kann.[34]

---

[31] Vgl. *Domsch/Ladwig* (2013), S. 80-81.
[32] Vgl. *Möhring/Schlütz* (2010), S. 137-138.
[33] Vgl. *Döring/Bortz* (2016), S. 1000.
[34] Vgl. *Domsch/Ladwig* (2013), S. 83.

3 3A: Korrelation – Einsatzgebiete und Beispielrechnung SPPS

In diesem Abschnitt werden die verschiedenen Arten von Korrelationen und ihre Einsatzgebiete näher beleuchtet. Genauer wird auf die Voraussetzungen und Anwendungen einzelner Korrelationen eingegangen. In einem weiteren Schritt wird ein fiktiv und unabhängig entwickeltes Beispiel eines Korrelationskoeffizienten wiedergegeben.

3.1 Korrelation – Begriffsdefinition

Während Korrelation den mathematischen Laienbegriff für „Zusammenhang" darstellt, herrscht in der Statistik kein Konsens darüber, wie eine allgemeingültige Definition lauten sollte. Der Zweck der Statistik besteht jedoch darin, zwei oder mehrere bestimmte Merkmale in Beziehung zueinander zu stellen oder ihren Zusammenhang herzustellen. Die Methode, mit der dieses Ziel erreicht werden kann, heißt Korrelationsanalyse. Vor allem dient sie dazu, den linearen Zusammenhang zwischen hauptsächlich zwei unterschiedlichen Merkmalen zu bestimmen, weshalb hier auch vom „Bestimmtheitsmaß" gesprochen werden kann.[35]

Allgemein erfasst die Korrelation den Grad der Stärke des Zusammenhangs zwischen zwei oder mehreren Merkmalen. Sobald der Korrelationskoeffizient feststeht, kann daraus folgender Schluss gezogen werden: Wenn ein Proband beispielsweise eine bestimmte Merkmalsausprägung aufweist, kann daraus geschlossen werden, wie sich die Ausprägung einer anderen Variablen verhält. Zusammenhänge zwischen zwei Variablen können entweder eine positive oder eine negative Richtung besitzen. So liegt ein positiver Zusammenhang vor, wenn einem hohen Wert einer Variablen hohe Werte auf der anderen Variablen entsprechen und andererseits ebenso niedrige Werte auf der einen Variablen niedrige Werte auf der anderen Variablen bewirken.[36]

Besitzt eine Variable hohe Werte und sie induziert niedrige Werte auf der anderen Variablen oder umgekehrt, so liegt ein negativer Zusammenhang vor. Als praktisches Beispiel eines negativen Zusammenhangs kann die Arbeitslosigkeit genannt werden: Je mehr Menschen arbeitslos sind, desto geringer sind die Steuereinnahmen eines Landes. Die Werte der einen Variablen steigen, während die der anderen sinken. Folglich liegt ein negativer Zusammenhang vor. Falls der Zusammenhang keine Richtung hat, so sind die beiden Merkmale linear unabhängig voneinander – die Korrelation ist gleich Null. Es besteht also kein linearer Zusammenhang zwischen den beiden Variablen. Jedoch kann trotzdem ein nonlinearer Zusammen-

---

[35] Vgl. *Wegert* (2010), S. 7.
[36] Vgl. *Rasch et al.* (2014), S. 82-83.

hang zwischen den beiden Variablen bestehen. Summa summarum geben Korrelationen Aufschluss darüber, ob ein linearer Zusammenhang zwischen zwei oder mehreren Variablen besteht und wie groß er ist.[37]

3.2 Korrelation – Ein kurzer Überblick in die Historik

Das Wort „Korrelation" leitet sich vom lateinischen co-relatio ab, was so viel wie die Wechselbeziehung zweier Begriffe oder Sachen bedeutet. Der Begriff Korrelation wurde Mitte des 19. Jahrhunderts von Sir Francis Galton und Karl Pearson geprägt.[38]
Anfänglich wurde die Korrelationsanalyse hauptsächlich in den Naturwissenschaften eingesetzt. Später fand sie auch in der Wirtschaft Anwendung. Nach der Lektüre von Darwins The Origin of Species im Jahr 1859 widmete sich Galton der Genetik. Er dachte darüber nach, warum es bei der Körpergröße des Menschen nicht nur zwei Extreme gibt, sprich nur Zwerge und Riesen. Nach Darwins Theorie sollten kleine Eltern kleine Kinder bekommen und große Eltern ebenso hochgewachsenen Nachwuchs. Nach umfangreichen Tierstudien stellte Galton jedoch fest, dass die Körpergröße der Kinder auf das Mittelmaß ihrer Elternteile reduziert werden kann. Dies nannte Galton „Regression", wie er in seinem Buch im Jahr 1885 erklärte. Basierend auf seinen Beobachtungen stellte er den Korrelationskoeffizienten r auf, der die Stärke und Existenz einer Korrelation numerisch erfasst. Den Durchbruch fand der Korrelationskoeffizient jedoch erst später durch Bravais und Pearson.[39]

3.3 Korrelationskoeffizienten

Zusammenhänge zwischen zwei oder mehreren Variablen werden anhand von Korrelationskoeffizienten berechnet. Dabei handelt es sich um standardisierte Größen, das bedeutet, diese können nur bestimmte Werte innerhalb des festgelegten Bereichs zwischen - 1 und + 1 annehmen.[40]
Dank des standardisierten Koeffizienten können Korrelationskoeffizienten untereinander verglichen werden. Bei einem Wert von genau + 1 oder - 1 besteht ein vollkommen positiver oder negativer linearer Zusammenhang zwischen den betrachteten Eigenschaften. Eine positive Korrelation bedeutet, dass die Variablen in die gleiche Richtung verknüpft sind, während eine negative Korrelation auf eine entgegengesetzte Beziehung zwischen den Variablen hinweist. Allgemein gilt: Je näher der Korrelationskoeffizient bei 1 (bzw. - 1) liegt, desto stärker ist der

---

[37] Vgl. *Kuckartz et al.* (2010), S. 189.
[38] Vgl. *Rasch et al.* (2014), S. 84.
[39] Vgl. *Wegert* (2010), S. 9.
[40] Vgl. *Budischewski* (2021), S. 38-39.

Zusammenhang zwischen den Variablen. Es handelt sich dabei um ein dimensionsloses Maß. Sofern zwei Merkmale eine lineare und positive Korrelation zueinander haben, nimmt das Maß den Wert $0 < r = + 1$ an. Bei einer negativen Korrelation ist der Wert $0 > r > = -1$.[41] Wenn der Korrelationskoeffizient exakt 0 ist, sind die beiden Merkmale überhaupt nicht linear miteinander verbunden. Der Korrelationskoeffizient ist also ein spezifisches Maß, das verwendet wird, um die Stärke der linearen Beziehung zwischen zwei Variablen in der Korrelationsanalyse zu quantifizieren. Dieser Koeffizient wird in den entsprechenden Berichten allgemeint mit r wiedergegeben. Es herrschen verschiedene Korrelationskoeffizienten, auf die im Folgenden näher eingegangen werden soll. Sie unterscheiden sich dadurch, dass sie von der Skalenausprägung ihrer Variablen unterschiedliche Voraussetzungen besitzen. Die verschiedenen Arten der Korrelationskoeffizienten sind der Bravais-Pearson-Korrelationskoeffizient, der Rangkorrelationskoeffizient nach Spearman und der Phi-Koeffizient.[42]

3.3.1 Bravais-Pearson Korrelationskoeffizient

Der Name Bravais-Pearson-Korrelationskoeffizient geht auf den französischen Physiker Auguste Bravais (1811-1863) und den englischen Mathematiker Karl Pearson (1857-1936) zurück. Dieser, auch kurz als Pearson-Korrelationskoeffizient bekannt, zeigt uns die Beziehung zwischen zwei metrischen Skalenvariablen an. Das heißt, die Variablen müssen mindestens intervallskaliert sein. Als praktisches Beispiel kann der Zusammenhang zwischen Körpergröße und -gewicht analysiert werden und wie stark diese Korrelation ausfällt. Hierbei handelt es sich um einen standardisierten Koeffizienten. Damit eine Anwendung dieses Korrelationskoeffizienten möglich ist, können die beiden untersuchten Variablen x und y auch zwei proportionalitätsskalierte Variablen darstellen. Die Elemente müssen dazu quantifizierbar sein und ein berechenbarer Durchschnittswert muss ermöglicht werden.[43]

3.3.2 Der Phi-Koeffizient

Der Phi-Koeffizient funktioniert nur bei binären Variablen. Binär bedeutet in diesem Fall, dass eine Variable nur zwei unterschiedliche Werte besitzt. Das heißt, der Phi-Koeffizient stellt ein Maß für die Korrelation von zwei dichotomen Variablen dar. Wenn dies der Fall ist, ist der Koeffizient ein einfaches Maß, das die Beziehung zwischen den beiden Variablen beschreibt. Die Resultate können in einer 2×2-Kreuztabelle wiedergegeben werden. Sofern größere Ta-

---

[41] Vgl. *Cleff* (2008), S. 106.
[42] Vgl. *Rasch et al.* (2014), S. 84-85.
[43] Vgl. *Wegert* (2010), S. 11.

bellen benötigt werden, kann auf ein Chi-Quadrat oder den Kontingenzkoeffizienten zurückgegriffen werden.[44]

3.3.3 Rangkorrelationskoeffizient nach Spearman

Durch den Rangkorrelationskoeffizienten nach Spearman kann ein monotoner Zusammenhang zwischen zwei Rangreihen berechnet werden. Zur Ermittlung diesen Koeffizienten ist es unabdingbar, dass beide Prüfvariablen ordinalskaliert sind, sprich sie die Eigenschaft besitzen, eine natürliche Anordnung zuzulassen. Hierbei geht es weniger um die Präsenz der Eigenschaften, sondern vielmehr um die Rangordnung der einzelnen Komponenten. Die tatsächlich gemessenen Werte spielen eine untergeordnete Rolle, da sie nur der Einordnung in die Rangfolge dienen. Wenn sich zwei Faktoren auf dem gleichen Rang befinden, wird hierbei das arithmetische Mittel eingesetzt und der Mittelwert den beiden Rängen zugeordnet. Eine mögliche Anwendung der Spearman-Korrelation kann beispielsweise bei einer Aufgabenbearbeitung durch die Mitarbeiter in einem Unternehmen stattfinden. Hierbei könnte verglichen werden, ob die Reihenfolge, in der die Arbeitnehmer eine Testaufgabe bearbeiten, mit der Anzahl der Monate korreliert, die sie dort beschäftigt sind.[45]

3.4 Statistische Berechnungen mit SPSS

Oftmals werden bestimmte Softwareprogramme eingesetzt, um statistische Berechnungen in der Praxis durchzuführen. Dabei ist von hoher Relevanz, dass der Benutzer Kenntnis über die Art der Berechnungen hat, um schlussendlich die Resultate dementsprechend analysieren zu können. Oftmals wird hierfür das Softwareprogramm SPSS eingesetzt, wobei SPSS für „Statistical Package for the Social Sciences" steht. Ein enormer Vorteil gegenüber anderen Programmen besteht darin, dass SPSS große Datenmengen schnell berechnen kann. Die Benutzer müssen die Berechnungen nicht manuell durchführen, was eine Reduktion der Fehler bewirkt, die auf menschliches Versagen beruhen könnten. In nächsten Abschnitt wird ein fiktives Beispiel für den Rangkorrelationskoeffizienten von Spearman aufgezeigt.[46]

---

[44] Vgl. *Fahrmeir* (2007), S. 140.
[45] Vgl. *Cleff* (2008), S. 112-113.
[46] Vgl. *Janssen/Laatz* (2017), S. 5-6.

3.4.1 Beispielberechnung in SPSS des Rangkorrelationskoeffizienten nach Spearman

Bei diesem fiktiven Beispiel geht es um die Risikofreude von Jura-Absolventen (Skala von 0-100). Nun gilt es zu prüfen, ob die Einschätzung der eigenen Person von den jeweiligen Absolventinnen und Absolventen zur Risikobereitschaft mit der Fremdeinschätzung ihrer Familienangehörigen korreliert (Skala 0-10). Da die Rangkorrelationsanalyse nach Spearman den linearen Zusammenhang zweier mindestens ordinalskalierter Variablen bestimmen möchte, ist folgende Fragestellung für dieses erstellte Beispiel von Relevanz: Gibt es einen Zusammenhang zwischen der Selbsteinschätzung der Jura-Absolventen und der Einschätzung der Risikobereitschaft vonseiten der Familienangehörigen?[47]

Im ersten Schritt findet ein Transfer der fiktiven Zahlen in SPSS statt. Die Darstellung der essenziellen Schritte von der Datenumcodierung bis hin zur Berechnung der Spearman-Rangkorrelationsanalyse wird durch Screenshots in SPSS und den entsprechenden Bezeichnungen wiedergegeben. Der Datensatz beinhaltet die Probandennummer der jeweiligen Probanden sowie die Variablen „selbst" und „fremd". Die Rangkorrelation basiert auf der Idee, die Daten zu sortieren. Das bedeutet, dass die Berechnungen nicht auf den Messungen selbst basieren, sondern durch Rankings ersetzt werden, in denen die eigentlichen Tests durchgeführt werden. Das wiederum sagt aus, dass die Berechnung des Tests ausschließlich auf der Reihenfolge der Daten basiert. Um eine Rangfolge der Messwerte bereitzustellen, werden im ersten Schritt die einzelnen Messwerte der beiden Variablen nach ihrer Größe (in aufsteigender Reihenfolge vom kleinsten Wert) geordnet.[48]

Sie ist in der nachfolgenden Abbildung 1 dargestellt.

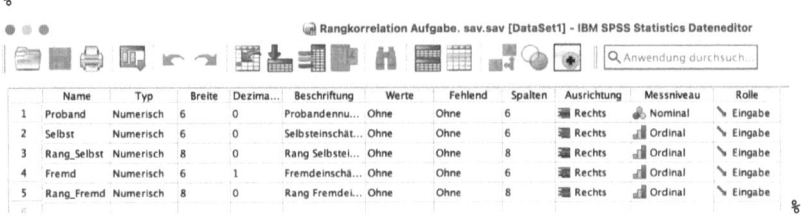

Abbildung 1: Ausgangssituation in SPSS – Datenansicht

Quelle: (Eigene Darstellung)

Anschließend wird für jede der beiden Variablen, ebenfalls in aufsteigender Reihenfolge (bei

---

[47] Vgl. *Raab et al.* (2009), S. 255.
[48] Vgl. *Eckstein* (2016), S. 32-34.

1 beginnend und aufsteigend), ein Rang gebildet. Sofern ein Messwert mehrmals gebraucht wird, findet eine sogenannte Verbindung von Rängen statt.

Wenn beispielsweise Rang 5 und Rang 6 dieselbe Messung besitzen und die beiden Ränge ermittelt werden ((5 + 7) /2 = 6), erhalten nun beide den Rang von 6.[49]

Nachfolgend wird die erstellte Datensicht wiedergegeben.

	Proband	Selbst	Rang_Selbst	Fremd	Rang_Fremd	Var
1	7	50	8	1,2	1	
2	2	54	10	2,8	2	
3	8	30	3	3,0	3	
4	3	40	6	4,0	4	
5	1	71	12	4,1	5	
6	11	42	7	4,2	6	
7	9	39	5	4,3	7	
8	5	20	2	4,8	8	
9	10	10	1	5,0	9	
10	12	60	11	5,9	10	
11	6	52	9	6,6	11	
12	4	34	4	9,2	12	

Abbildung 2: Datenansicht in SPSS

Quelle: (eigene Darstellung)

Fоg̶j r jn%| nᴉ%ᴉjwP twjȼfʏtsxptjkⵑⵑjsʏⵒ ɲ%tⱭjsijwꚌtwr jⱭᶃjwjhmsjʏ%
%

$$\rho = 1 - \frac{6 \cdot \sum_{i=1}^{n} (r_i - s_i)^2}{n^3 - n}$$

Es gilt:

r_i = Rangplatz innerhalb der Variablen x

s_i = Rangplatz innerhalb der Variablen y

n = Probandenanzahl

Unter Verwendung der berechneten Ränge (Abbildung 1 und 2) ist es nun möglich, den Korrelationskoeffizienten in SPSS zu bestimmen. Hierbei geht man in das Menü und klickt auf „Analysieren", dann „Korrelation" und zuletzt „Bivariat". Daran anknüpfend wird unter Korrelationskoeffizient „Spearman" und bei Test auf Signifikanz „zweiseitig" gewählt. Abschließend

[49] Vgl. *Eckstein* (2012), S. 37-38.

wird in den Optionen der „paarweise Fallausschluss" bestimmt.[50]

Abbildung 3 zeigt einen Screenshot zur Veranschaulichung der getätigten Schritte.

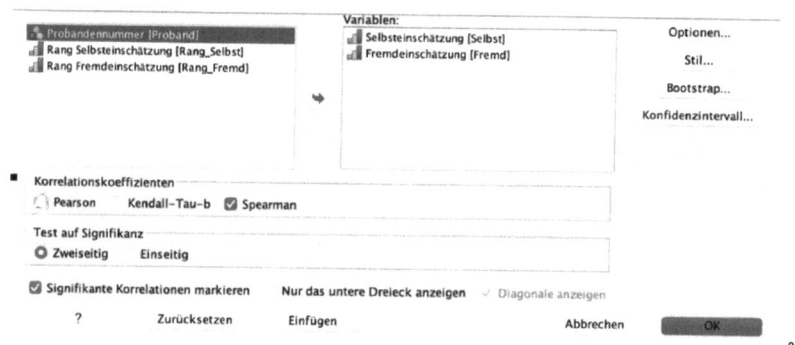

Abbildung 3: Korrelationskoeffizient Spearman SPPS %

Quelle: (eigene Darstellung)

Nun erhält man folgendes Ergebnis (Abbildung 4):

➜ Nichtparametrische Korrelationen

Korrelationen

			Selbsteinschät zung	Fremdeinschät zung
Spearman–Rho	Selbsteinschätzung	Korrelationskoeffizient	1,000	-,189
		Sig. (2–seitig)	.	,557
		N	12	12
	Fremdeinschätzung	Korrelationskoeffizient	-,189	1,000
		Sig. (2–seitig)	,557	.
		N	12	12

Abbildung 4: Resultat Rangkorrelationsanalyse SPPS

Quelle: (eigene Darstellung)

3.4.2 Fazit

Aus den Resultaten kann entnommen werden, dass die Korrelation zwischen der eigenen und der fremden Einschätzung bei ρ = -,189 liegt, wobei abgelesen werden kann, dass der p-Wert bei ,557 liegt. Die Korrelation ist aus diesem Grund nicht statistisch signifikant (es gilt: $p < .05$).

---

[50] Vgl. *Eckstein* (2016), S. 171-173.

Dabei besteht ein negativer Zusammenhang.[51]

Anhang 1: Anschreiben

Fragebogen zur Stärke der Kundenbindung
bei den Abonnenten der GEO-Zeitung

Ziel der Umfrage

Willkommen zu unserer Umfrage. Sie sind ein geschätzter Kunde, weshalb uns Ihre Meinung wichtig ist. Der Zweck dieser Umfrage besteht darin, die Kundenbindung seitens der Abonnenten unseres GEO-Magazins sowie die Stärke der Kundenbindung zu erfassen. Indem Sie diesen Fragebogen ausfüllen, helfen Sie uns, die Ergebnisse zu optimieren und bessere Abonnementmöglichkeiten anzubieten.

Als Dankeschön wird ein Jahresabo unter den Teilnehmern verlost.

Der Fragebogen

Der Fragebogen besteht aus vier Kategorien:

Teil A: Allgemeine Fragen zur Zufriedenheit
Teil B: Mediennutzung
Teil C: Medieninhalt und Qualität des Magazins
Teil D: Kostenfaktor

Um den Fragebogen vollständig auszufüllen, benötigen Sie circa 5-10 Minuten. Der Befragungszeitraum läuft von 01. Dezember 2022 bis zum 31. Dezember 2022.

---

[51] Vgl. Wegert (2010), S. 22.

Was wird mit den Ergebnissen gemacht?

Die Ergebnisse werden streng vertraulich behandelt. Die Ergebnisse werden zusammengefasst und verglichen. Bitte beachten Sie, dass die Resultate zu jedem Zeitpunkt anonym betrachtet werden.

Haben Sie noch Fragen?

Bei Fragen können Sie sich jederzeit bei Frau Katarina Staletovic melden.

Anleitung zum Ausfüllen des Fragebogens

Bei den Fragen werden Sie gebeten, eine Antwortalternative zu wählen. Bittekreuzen Sie in dem Fall nur ein Kästchen an.

Anhang 2: Fragebogen

Teil A: Allgemein

Im ersten Teil dieses Fragebogens geht es um allgemeine Fragen zur Zufriedenheit.

	sehr unzufrieden	unzufrieden	zufrieden	sehr zufrieden
1. Wie zufrieden sind Sie mit unserer Zeitung?				
2. Wie zufrieden sind Sie mit den Abonnement Möglichkeiten?				
3. Wenn Sie an Ihre jüngsten Erfahrungen mit GEO denken, wie würden Sie die Qualität des erhaltenen Kundenservice bewerten?				

Teil B: Mediennutzung

Im zweiten Teil dieses Fragebogens steht die Ermittlung der Mediennutzung im Vordergrund.

	sehr un-wahrschein-lich	unwahr-scheinlich	sehr wahr-scheinlich	extrem wahrschein-lich
4. Wie wahrscheinlich ist es, dass Sie erneut ein Abonnement bei uns abschliessen oder ein bestehendes Abonnement verlängern?				
5. Wie wahrscheinlich ist es, dass Sie unser Magazin weiterempfehlen?				
6. Wie wahrscheinlich ist es, dass Sie weitere, andere Zeitungen abonnieren?				

Teil C: Medieninhalt und Qualität des Magazins

Im dritten Teil sind der Medieninhalt wie auch die Qualität der Zeitung von hoher Relevanz.

	trifft gar nicht zu	trifft nicht zu	trifft zu	trifft völlig zu
7. Ich bin mit Inhalt und Umfang des Magazins zufrieden.				
8. Der Informationsgehalt entspricht meinen Wünschen.				
9. Die Qualität der Zeitung entspricht meinen Wünschen.				

Teil D:

Im letzten Abschnitt steht der Kostenfaktor eines Abonnements im Fokus.

	trifft gar nicht zu	trifft nicht zu	trifft zu	trifft völlig zu
10. Ich finde die Kosten für das Abonnement in Ordnung.				
11. Das Abonnement weist ein gutes Preis-Leistungsverhältnis auf.				
12. Bei einem noch besseren Angebot eines Abonnements bin ich gerne bereit, höhere Kosten zu akzeptieren.				

Vielen Dank für Ihre Teilnahme.

Ihre Kommentare zu unserem Fragebogen sind herzlich willkommen. Über Ihre Kritik und Verbesserungsvorschläge freuen wir uns sehr. Danke!

Anmerkungen

Literaturverzeichnis

Budischewski, K. (2021), Statistik, 5. Aufl., Studienbrief der SRH Fernhochschule, Riedlingen.

Cleff, T. (2008), Deskriptive Statistik und moderne Datenanalyse. Eine computergestützte Einführung mit Excel, SPSS und STATA, 1. Aufl., Wiesbaden.

Domsch, M. E./Ladwig, D. (2013), Handbuch Mitarbeiterbefragung, 2. Aufl., Heidelberg.

Döring, N./Bortz, J. (2016), Forschungsmethoden und Evaluation in den Sozial- und Humanwissenschaften, 5. Aufl., Heidelberg.

Eckstein, P. P. (2012), Angewandte Statistik mit SPSS. Praktische Einführung für Wirtschaftswissenschaftler, 7. Aufl., Wiesbaden.

Eckstein, P. P. (2016), Angewandte Statistik mit SPSS. Praktische Einführung für Wirtschaftswissenschaftler, 8. Aufl., Wiesbaden.

Fahrmeir, F./Künstler, R./Pigeot, I./Tutz, G. (2007), Statistik. Der Weg zur Datenanalyse 6. Aufl., Berlin.

Föhl, U./Friedrich, C. (2022), Quick Guide Onlinefragebogen. Wie Sie Ihre Zielgruppe professionell im Web befragen, 1. Aufl., Wiesbaden.

Hollenberg, S. (2016), Fragebögen. Fundierte Konstruktion, sachgerechte Anwendung und aussagekräftige Auswertung, 1. Aufl., Wiesbaden.

Janssen, J./Laatz, W. (2017), Statistische Datenanalyse mit SPSS. Eine anwendungsorientierte Einführung in das Basissystem und das Modul Exakte Tests, 9. Aufl., Hamburg.

Kirchhoff, S./Kuhnt, S./Lipp, P./Schlawin, S. (2010), Der Fragebogen. Datenbasis, Konstruktion und Auswertung, 5. Aufl., Wiesbaden.

Kuckartz, U./Rädiker, S./Ebert, T./Schehl, J. (2010), Statistik. Eine verständliche Einführung, 1. Aufl., Wiesbaden.

Maertins, A. (2019), Das Management der erfolgreichen strategischen Frühaufklärung als organisationale Fähigkeit, 1. Aufl., Wiesbaden.

Möhring, W./Schlütz, D. (2019), Die Befragung in der Medien- und Kommunikationswissenschaft. Eine praxisorientierte Einführung, 3. Aufl., Wiesbaden.

Möhring, W./Schlütz, D. (2010), Die Befragung in der Medien- und Kommunikationswissenschaft. Eine praxisorientierte Einführung, 2. Aufl., Wiesbaden.

Porst, R. (2011), Fragebogen. Ein Arbeitsbuch, 3. Aufl., Wiesbaden.

Rasch, B./Friese, M./Hofmann, W./Naumann, E. (2014), Quantitative Methoden 1. Einführung in die Statistik für Psychologen und Sozialwissenschaftler, 4. Aufl., Heidelberg.

Raab, G./Unger, A./Unger, F. (2009), Methoden der Marketing-Forschung. Grundlagen und Praxisbeispiele, 2. Aufl., Wiesbaden.

Reinhardt, R. (2015), Fragebogentechnik, 2. Aufl., Studienbrief der SRH Fernhochschule, Riedlingen.

Renner, H. K/Jacob, C. N. (2020), Das Interview. Grundlagen und Anwendung in Psychologie und Sozialwissenschaften, 1. Aufl., Berlin.

Theobald, A. (2017), Praxis Online-Marktforschung. Grundlagen – Anwendungsbereiche – Durchführung, 1. Aufl., Wiesbaden.

Theobald, A./Dreyer, M./Starsetzki, T. (2003), Online-Marktforschung. Theoretische Grundlagen und praktische Erfahrungen, 2. Aufl., Wiesbaden.

Schmidt-Atzert, L./Krumm, S./ Amelang, M. (2021), Psychologische Diagnostik, 6. Aufl., Berlin.

Wegert, V. (2010), Korrelationsanalyse - Berechnung von Zusammenhängen zwischen zwei verschiedenen Variablen, 1. Aufl., München.

BEI GRIN MACHT SICH IHR WISSEN BEZAHLT

- Wir veröffentlichen Ihre Hausarbeit, Bachelor- und Masterarbeit

- Ihr eigenes eBook und Buch - weltweit in allen wichtigen Shops

- Verdienen Sie an jedem Verkauf

Jetzt bei www.GRIN.com hochladen und kostenlos publizieren